Kai Uwe Ralfs

Fokus und Präzision: Der Weg zum Erfolg im Luftgewehr-Auflage-Schießen

Kai Uwe Ralfs

Fokus und Präzision:
Der Weg zum Erfolg
im Luftgewehr-Auflage-Schießen

Inhaltsverzeichnis

1.0. Einleitung

Willkommen in der faszinierenden Welt des Luftgewehr-Auflage-Schießens, einer Disziplin, die Präzision, Ruhe und mentale Stärke in einzigartiger Weise vereint. Als langjähriger Schießtrainer in Schleswig-Holstein habe ich unzählige Schützen auf ihrem Weg begleitet, ihre Fähigkeiten zu verbessern und ihre Ziele zu erreichen.

Dieses Buch ist das Ergebnis meiner Erfahrungen, meines Wissens und meiner Leidenschaft für diesen Sport.

Das Luftgewehr-Auflage-Schießen ist mehr als nur das Abfeuern von Schüssen auf eine Zielscheibe. Es ist ein Tanz zwischen Technik und mentaler Kontrolle, ein Spiel mit Millimetern und Sekundenbruchteilen. Jeder Schuss ist eine Herausforderung, eine Möglichkeit, die eigenen Grenzen zu testen und zu überwinden. Es ist eine Disziplin, die sowohl für Anfänger als auch für erfahrene Schützen geeignet ist, da sie die körperliche Belastung minimiert und den Fokus auf Präzision und Konzentration legt. Dieser Umstand macht es zu einer idealen Sportart für Menschen jeden Alters und mit unterschiedlichen körperlichen Voraussetzungen.

In einer Welt, die oft von Hektik und Ablenkungen geprägt ist, bietet das Luftgewehr-Auflage-Schießen einen Gegenpol der Ruhe und Konzentration. Es ist eine Möglichkeit, dem Alltag zu entfliehen, den Geist zu fokussieren und die eigenen Fähigkeiten zu schärfen.

Die gleichmäßigen Bewegungen, die Kontrolle über Atmung und Herzschlag, die Konzentration auf das Ziel – all das führt zu einem Zustand der inneren Ruhe und Ausgeglichenheit. Dieser Zustand der tiefen Konzentration, oft als "im Flow" sein beschrieben, ermöglicht es dem Schützen, sein volles Potenzial auszuschöpfen und außergewöhnliche Leistungen zu erzielen.

Darüber hinaus fördert das Luftgewehr-Auflage-Schießen wichtige persönliche Eigenschaften. Geduld, Disziplin und Durchhaltevermögen sind unerlässlich, um in dieser Sportart erfolgreich zu sein. Jeder Schuss erfordert eine sorgfältige Vorbereitung, eine präzise Ausführung und eine ehrliche Analyse des Ergebnisses. Diese Fähigkeiten sind nicht nur im Schießsport von Vorteil, sondern auch in vielen anderen Bereichen des Lebens. Die Fähigkeit, sich auf ein Ziel zu konzentrieren, Ablenkungen auszublenden und auch unter Druck ruhig und besonnen zu bleiben, sind Qualitäten, die in der Schule, im Beruf und im persönlichen Umfeld von großem Wert sind.

In diesem Buch werden wir uns nicht nur mit den technischen Grundlagen des Luftgewehr-Auflage-Schießens beschäftigen, sondern auch mit den mentalen Aspekten, die den Unterschied zwischen einem guten und einem hervorragenden Schützen ausmachen. Wir werden uns mit der richtigen Einstellung der Auflage, der optimalen Positionierung des Gewehrs, der korrekten Körperhaltung und der Nutzung von Hilfsmitteln befassen. Aber wir werden auch die Bedeutung von Konzentration, Atmung, Visualisierung und dem Umgang mit Ablenkungen untersuchen.

Dabei werden wir aufzeigen, wie diese mentalen Techniken nicht nur die Schießleistung verbessern, sondern auch das allgemeine Wohlbefinden und die Lebensqualität steigern können.

Dieses Buch ist für alle Schützen gedacht, unabhängig von ihrem Leistungsniveau. Egal, ob Du Anfänger bist, der die Grundlagen erlernen möchte oder erfahrener Wettkampfschütze, der seine Leistung optimieren will; hier findest Du wertvolle Informationen und praktische Übungen, die Dir helfen, Deine Ziele zu erreichen. Mit diesem Buch möchte ich Dir das nötige Rüstzeug an die Hand geben, um nicht nur Deine schießsportlichen Fähigkeiten zu verbessern, sondern auch Deine persönliche Entwicklung zu fördern.

Ich lade Dich ein, Dich auf diese Reise zu begeben, Deine Fähigkeiten zu verbessern und die Freude am Luftgewehr-Auflage-Schießen in vollen Zügen zu genießen.

Lass uns gemeinsam den Weg zum Erfolg beschreiten.

1.1. Die Bedeutung des Luftgewehr-Auflage-Schießens im Schießsport

Das Luftgewehr-Auflage-Schießen ist eine Disziplin, die im Schießsport einen besonderen Stellenwert einnimmt. Sie vereint Präzision, Konzentration und mentale Stärke auf eine Art und Weise, die sowohl für Anfänger als auch für erfahrene Schützen faszinierend ist.

- *Präzision und Perfektion:*

  - Im Luftgewehr-Auflage-Schießen geht es darum, die bestmögliche Leistung zu erzielen. Jeder Schuss zählt, und selbst kleinste Fehler können große Auswirkungen haben. Dies bedeutet, dass Schützen ein tiefes Verständnis für die ballistischen Eigenschaften ihres Gewehrs, die Beschaffenheit der Munition und die Einflüsse der Umgebung entwickeln müssen. Ein minimaler Fehler in der Ausrichtung, eine leichte Veränderung des Griffs oder ein ungleichmäßiger Abzug können den Unterschied zwischen einem perfekten Treffer und einem Fehlschuss ausmachen.

o   Die Disziplin fordert ein hohes Maß an Präzision und Perfektion, sowohl in technischer als auch in mentaler Hinsicht. Es reicht nicht aus, nur das Ziel anzuvisieren; der Schütze muss jeden Aspekt des Schusses kontrollieren, vom Anschlag des Gewehrs über die Atmung bis hin zum Abzugsmoment. Diese Kontrolle erfordert ein systematisches Herangehen, bei dem jeder Schritt sorgfältig geplant und ausgeführt wird.

o   Die Schützen lernen, ihre Bewegungen zu kontrollieren, ihre Atmung zu regulieren und ihre Konzentration auf das Ziel zu fokussieren. Diese Schulung der motorischen Fähigkeiten und der mentalen Fokussierung führt zu einer bemerkenswerten Körperbeherrschung und einem gesteigerten Bewusstsein für die eigenen physischen und mentalen Zustände. Durch das Training entwickeln die Schützen ein immer feineres Gespür für ihren Körper und lernen, auch kleinste Muskelbewegungen bewusst wahrzunehmen und zu steuern.

- *Mentale Stärke:*

    o Luftgewehr-Auflage-Schießen ist nicht nur ein technischer Sport, sondern auch ein mentaler. Der Schütze muss in der Lage sein, seine Gedanken zu kontrollieren, Ängste zu überwinden und sich vollkommen auf den gegenwärtigen Moment zu konzentrieren. Selbstzweifel, Nervosität oder Ablenkungen können die Leistung eines Schützen erheblich beeinträchtigen.

    o Die Schützen müssen lernen, mit Drucksituationen umzugehen, ihre Nervosität zu kontrollieren und ihre Konzentration über einen längeren Zeitraum aufrechtzuerhalten. Dies wird oft durch Visualisierungstechniken, Atemübungen und mentale Trainingsprogramme erreicht, die darauf abzielen, die Resilienz und die Fähigkeit zur Selbstregulierung zu verbessern. Einige Schützen praktizieren beispielsweise Achtsamkeitsmeditation, um ihre Konzentrationsfähigkeit zu steigern und im Wettkampf einen klaren Kopf zu bewahren.

- o Die mentale Stärke, die im Luftgewehr-Auf-
    lage-Schießen entwickelt wird, kann auch in
    anderen Bereichen des Lebens von Vorteil sein.
    Die Fähigkeit, unter Druck ruhig zu bleiben,
    sich auf Aufgaben zu konzentrieren und mit
    Rückschlägen umzugehen, sind wertvolle Ei-
    genschaften in allen Lebensbereichen. Ob im
    Beruf, in der Ausbildung oder im persönlichen
    Umfeld, die im Schießsport erworbenen menta-
    len Fähigkeiten können dazu beitragen, Her-
    ausforderungen erfolgreicher zu meistern und
    das eigene Potenzial voll auszuschöpfen.

- *Inklusion und Vielfalt:*

  - o Das Luftgewehr-Auflage-Schießen ist eine Dis-
    ziplin, die für Schützen aller Altersgruppen und
    Fähigkeiten geeignet ist. Es bietet eine Platt-
    form für Menschen mit unterschiedlichen Hin-
    tergründen, sich zu treffen, zu konkurrieren
    und eine gemeinsame Leidenschaft zu teilen.
    Die Möglichkeit, das Gewehr aufzulegen, redu-
    ziert die körperlichen Anforderungen und er-
    möglicht es auch Menschen mit weniger Kraft
    oder eingeschränkter Mobilität, an diesem
    Sport teilzunehmen.

- Durch die Möglichkeit, das Gewehr aufzulegen, können auch Schützen mit körperlichen Einschränkungen teilnehmen. Dies eröffnet den Schießsport für eine breitere Bevölkerungsgruppe und fördert die Inklusion von Menschen mit Behinderungen. Es ist ein Sport, der Menschen mit unterschiedlichen körperlichen Voraussetzungen zusammenbringt und ihnen ermöglicht, sich auf Augenhöhe zu messen.

- Die Disziplin fördert Inklusion und Vielfalt im Schießsport und ermöglicht es jedem, seine Leidenschaft auszuleben. Es werden Umgebungen geschaffen, in denen sich alle Schützen wertgeschätzt und respektiert fühlen, unabhängig von ihren individuellen Unterschieden. Dies trägt dazu bei, Vorurteile abzubauen und ein Gemeinschaftsgefühl zu fördern, in dem jeder willkommen ist.

- *Wettkampf und Gemeinschaft:*

  - Luftgewehr-Auflage-Schießen wird sowohl auf nationaler als auch auf internationaler Ebene wettkampfmäßig ausgetragen. Diese Wettbewerbe bieten den Schützen die Möglichkeit, ihr Können auf höchstem Niveau zu messen und sich mit den Besten der Besten zu vergleichen. Die Teilnahme an Wettkämpfen ist nicht nur eine Gelegenheit, die eigenen Fähigkeiten zu testen, sondern auch, von anderen zu lernen und sich ständig zu verbessern.

  - Die Wettkämpfe bieten Schützen die Möglichkeit, sich mit anderen zu messen, ihre Fähigkeiten zu verbessern und ihre Grenzen zu testen. Der Nervenkitzel des Wettbewerbs, die Kameradschaft unter den Schützen und die ständige Suche nach Verbesserung tragen alle zum Reiz dieser Disziplin bei. Jeder Wettkampf ist eine neue Herausforderung, die es zu meistern gilt, und ein Ansporn, noch härter zu arbeiten und das eigene Potenzial voll auszuschöpfen.

- Darüber hinaus fördert das Luftgewehr-Auflage-Schießen die Gemeinschaft unter den Schützen. Durch das gemeinsame Training, die Teilnahme an Wettkämpfen und den Austausch von Erfahrungen entsteht ein starkes Zusammengehörigkeitsgefühl. Diese Gemeinschaft ist oft eine wichtige Stütze für die Schützen, die sich gegenseitig motivieren, unterstützen und ihre Leidenschaft teilen.

- *Förderung der Konzentrationsfähigkeit:*

  - Die Fähigkeit, sich zu konzentrieren, wird durch das Auflageschießen gefördert. In einer Welt, die von ständiger Ablenkung geprägt ist, lehrt diese Disziplin den Schützen, seine Aufmerksamkeit zu fokussieren und unwichtige Reize auszublenden. Das Luftgewehr-Auflage-Schießen erfordert ein hohes Maß an mentaler Disziplin und die Fähigkeit, über einen längeren Zeitraum konzentriert zu bleiben.

o Gerade in unserer schnelllebigen Zeit ist es wichtig, dass man sich auf eine Aufgabe konzentrieren kann. Das Luftgewehr-Auflage-Schießen bietet ein hervorragendes Training für diese Fähigkeit, die nicht nur im Sport, sondern auch im Alltag von großem Nutzen ist. Es hilft, die Produktivität zu steigern, die Effizienz zu verbessern und die Fähigkeit zu entwickeln, komplexe Aufgaben mit Präzision und Sorgfalt auszuführen. Die im Schießsport erlernte Konzentrationsfähigkeit kann sich positiv auf schulische Leistungen, beruflichen Erfolg und die Bewältigung alltäglicher Herausforderungen auswirken.

Das Luftgewehr-Auflage-Schießen ist somit mehr als nur ein Sport. Es ist eine Disziplin, die Präzision, mentale Stärke, Inklusion und Gemeinschaft vereint. Sie bietet Schützen die Möglichkeit, ihre Fähigkeiten zu verbessern, ihre Grenzen zu testen und ihre Leidenschaft auszuleben.

1.2. Die Verbindung von Technik und Mentaler Stärke

Im Luftgewehr-Auflage-Schießen sind Technik und mentale Stärke untrennbar miteinander verbunden. Beide Aspekte beeinflussen sich gegenseitig und sind entscheidend für den Erfolg.

- *Technische Perfektion als Grundlage:*
    - Eine solide technische Grundlage ist die Basis für präzise Schüsse.
    - Die richtige Einstellung der Auflage, die optimale Positionierung des Gewehrs und die korrekte Körperhaltung schaffen die Voraussetzungen für eine stabile Schussabgabe.
    - Ohne eine solide Technik ist es schwierig, die mentale Stärke optimal einzusetzen.

- *Mentale Stärke als Verstärker:*
    - Mentale Stärke ermöglicht es dem Schützen, sein technisches Potenzial voll auszuschöpfen.
    - Konzentration, Fokus und mentale Kontrolle helfen dabei, auch unter Druck präzise Schüsse abzugeben.
    - Mentale Techniken wie Atemkontrolle, Visualisierung und positive Selbstgespräche können die Leistung verbessern.

- *Wechselwirkung zwischen Technik und mentaler Stärke:*
    - o Eine gute Technik schafft Vertrauen und stärkt das Selbstbewusstsein des Schützen.
    - o Ein starkes Selbstbewusstsein wiederum verbessert die technische Ausführung.
    - o Mentale Stärke hilft dabei, technische Fehler zu analysieren und zu korrigieren.
    - o Technische Perfektion kann die innere Ruhe fördern.

- *Die Bedeutung der Balance:*
    - o Es ist wichtig, ein ausgewogenes Verhältnis zwischen technischem Training und mentalem Training zu finden.
    - o Beide Aspekte sollten gleichermaßen berücksichtigt und trainiert werden.
    - o Einseitiges Training kann zu einer unausgewogenen Leistung führen.

- *Anwendung im Schießsport:*
    - o Im Training sollten technische und mentale Übungen kombiniert werden.
    - o Im Wettkampf ist die mentale Stärke oft entscheidend für den Erfolg.
    - o Schützen sollten lernen, ihre mentale Stärke in Wettkampfsituationen optimal einzusetzen.

Die Verbindung von Technik und mentaler Stärke ist der Schlüssel zum Erfolg im Luftgewehr-Auflage-Schießen.
Durch die Optimierung beider Aspekte können Schützen ihre Leistung verbessern und ihre Ziele erreichen.

2.0. Technische Grundlagen

Im Luftgewehr-Auflage-Schießen ist die Beherrschung der technischen Grundlagen unerlässlich, um konstante und präzise Ergebnisse zu erzielen. Sie bilden das Fundament, auf dem die mentale Stärke aufbaut. In diesem Kapitel werden wir uns eingehend mit den wichtigsten technischen Faktoren beschäftigen, die Deine Schießleistung verbessern können.

Wir werden uns mit der optimalen Einstellung Deiner Ausrüstung befassen, von der richtigen Höhe und dem Abstand der Auflage bis hin zur perfekten Positionierung des Gewehrs. Wir werden die Bedeutung einer stabilen und entspannten Körperhaltung untersuchen und Dir zeigen, wie Du Hilfsmittel nutzen kannst, um Deine Präzision zu maximieren.

Darüber hinaus werden wir die spezifischen Regeln des Deutschen Schützenbundes (DSB) beleuchten, die für das Luftgewehr-Auflage-Schießen gelten. Die Einhaltung dieser Regeln ist nicht nur für Wettkämpfe wichtig, sondern auch für ein sicheres und faires Training.

Durch die Optimierung dieser technischen Aspekte schaffen wir die Basis für eine ruhige und stabile Schussabgabe. Wir werden Dir praktische Tipps und Übungen geben, die Du in Dein Training integrieren kannst, um Deine Technik zu verfeinern und Deine Leistung zu steigern.

2.1. Ausrüstung: Gewehr und Zubehör

Die richtige Ausrüstung ist im Luftgewehr-Auflage-Schießen von entscheidender Bedeutung. Sie ist Dein Werkzeug, um Präzision und Konstanz zu erreichen. In diesem Kapitel werden wir uns mit den wichtigsten Komponenten Deiner Ausrüstung befassen und Dir Tipps geben, wie Du sie optimal nutzen kannst.

- **Das Luftgewehr:**
  - Die Wahl des richtigen Luftgewehrs ist der erste Schritt zur Verbesserung Deiner Leistung.
  - Es gibt verschiedene Modelle und Hersteller, die sich in Präzision, Handhabung und Preis unterscheiden.
  - Wichtige Faktoren bei der Auswahl sind:
    - Präzision und Schussleistung
    - Ergonomie und Anpassbarkeit
    - Qualität und Zuverlässigkeit
    - Budget
  - Für das Auflageschiessen sind Gewehre mit einem ruhigen Schussverhalten zu empfehlen.

- **Das Diopter und Korn:**

  - Die Visiereinrichtung ist entscheidend für ein klares Zielbild.

  - Das Diopter ermöglicht eine präzise Einstellung der Höhe und Seite des Visiers.

  - Das Korn sollte scharf und klar sein, um eine optimale Fokussierung zu ermöglichen.

- **Weitere wichtige Zubehörteile:**

  - **Schießbekleidung:**

    - Schießjacken und -hosen bieten zusätzliche Stabilität und Unterstützung.

    - Schießhandschuhe verbessern den Griff und reduzieren Vibrationen.

  - **Ohrenschützer und Schutzbrillen:**

    - Ohrenschützer schützen Dein Gehör vor dem Knall des Gewehrs.

    - Schutzbrillen schützen Deine Augen vor herumfliegenden Geschossteilen.

  - **Diabolos:**

    - Die Qualität der Diabolos hat einen direkten Einfluss auf die Präzision Deiner Schüsse.

    - Es ist wichtig, Diabolos zu verwenden, die zu Deinem Gewehr passen.

- o **Werkzeug und Pflegemittel:**

    - Regelmäßige Reinigung und Wartung Deines Gewehrs sind wichtig, um seine Leistung und Lebensdauer zu erhalten.

    - Ein Werkzeugset und spezielle Pflegemittel sind dafür unerlässlich.

- **Tipps zur Auswahl und Anpassung:**

    - o Lass Dich von erfahrenen Schützen oder Trainern beraten.

    - o Probiere verschiedene Modelle und Zubehörteile aus, um das zu finden, was am besten zu Dir passt.

    - o Nimm Dir Zeit, Deine Ausrüstung optimal einzustellen und anzupassen.

    - o Achte darauf, dass die Ausrüstung den aktuellen DSB-Regeln entspricht.

Die richtige Ausrüstung kann Deine Leistung im Luftgewehr-Auflage-Schießen erheblich verbessern. Investiere in hochwertige Ausrüstung und nimm Dir Zeit, sie optimal einzustellen und anzupassen.

ABER

- **Technik über Ausrüstung:**

  - o Eine korrekte Körperhaltung, eine ruhige Atmung und ein sauberer Abzug sind entscheidender als das neueste Gewehrmodell.

  - o Ein Schütze, der seine Technik beherrscht, kann auch mit einem einfachen Gewehr präzise Schüsse abgeben.

- **Mentale Stärke:**

  - o Die Fähigkeit, sich zu konzentrieren, mit Druck umzugehen und Ablenkungen auszublenden, ist im Wettkampf oft entscheidender als die Ausrüstung.

  - o Ein mental starker Schütze kann auch unter schwierigen Bedingungen Höchstleistungen erbringen.

- **Erfahrung und Training:**

  - o Langjährige Erfahrung und regelmäßiges Training sind die Grundlage für konstante Ergebnisse.

  - o Ein erfahrener Schütze kennt seine Ausrüstung und seine Technik in- und auswendig.

- **Individuelle Anpassung:**

  - Jeder Schütze ist anders, und die optimale Ausrüstung kann variieren.

  - Es ist wichtig, eine Ausrüstung zu finden, die zu den individuellen Bedürfnissen und Vorlieben des Schützen passt.

- **Die Bedeutung des Schützen:**

  - Letztendlich ist der Schütze selbst der entscheidende Faktor für den Erfolg.

  - Eine teure Ausrüstung garantiert keine guten Ergebnisse, wenn der Schütze seine Technik und mentale Stärke nicht beherrscht.

Daher sollte man die Bedeutung der richtigen Ausrüstung nicht überbewerten. Ein guter Schütze kann auch mit einer einfachen Ausrüstung hervorragende Ergebnisse erzielen.

2.2. Einstellung der Auflage

Die richtige Einstellung der Auflage ist im Luftgewehr-Auflage-Schießen von entscheidender Bedeutung. Sie bildet die Basis für eine stabile und präzise Schussabgabe. In diesem Kapitel werden wir uns mit den wichtigsten Faktoren befassen, die bei der Einstellung der Auflage zu beachten sind.

- **Höhe der Auflage:**

    o Die Höhe der Auflage muss so eingestellt sein, dass Du eine entspannte und natürliche Körperhaltung einnehmen kannst.

    o Dein Ellenbogen des Schießarms sollte bequem auf der Auflage ruhen, ohne dass Du Dich verbiegen oder anstrengen musst.

    o Eine falsche Höhe kann zu Verspannungen in Schultern und Nacken führen, was Deine Stabilität beeinträchtigt.

- **Abstand zur Auflage:**

    o Der Abstand zwischen Dir und der Auflage muss so gewählt werden, dass Du das Gewehr optimal positionieren kannst.

    o Du solltest das Gewehr ohne Mühe erreichen und kontrollieren können.

    o Ein zu großer oder zu geringer Abstand kann zu einer instabilen Position führen.

- **Winkel der Auflage:**

  - Der Winkel der Auflage sollte so eingestellt sein, dass das Gewehr gerade und stabil aufliegt.

  - Eine ungleichmäßige Auflage kann zu seitlichen Abweichungen der Schüsse führen.

  - Die Auflagefläche sollte eben sein und **nicht** rutschfest. Schaue bitte in die Sportordnung des DSB für weitere Informationen.

- **Nutzung von Hilfsmitteln:**

  - Sandsäcke und Dreibeine können verwendet werden, um die Stabilität der Auflage zu erhöhen.

  - Diese Hilfsmittel sollten so positioniert werden, dass sie eine gleichmäßige Unterstützung für das Gewehr bieten.

  - Die Wahl der Hilfsmittel hängt von Deinen individuellen Vorlieben ab.

- **Positionierung des Gewehrs:**

  - Das Gewehr muss immer exakt an der gleichen Stelle der Gewehrauflage positioniert werden.

  - Die Position des Gewehres auf der Auflage sollte konstant sein, um eine gleichmäßige Schussabgabe zu gewährleisten.

  - Markierungen auf der Auflage können helfen, die richtige Position zu finden.

- **Die Einhaltung der DSB-Regeln:**

  - o Es ist wichtig, dass alle Einstellungen der Auflage den Regeln des Deutschen Schützenbundes (DSB) entsprechen.

  - o Die Maße der Auflage und die Positionierung des Gewehrs sind in den DSB-Regeln festgelegt.

  - o Die Einhaltung der Regeln ist entscheidend für die Teilnahme an Wettkämpfen.

- **Individuelle Anpassung:**

  - o Jeder Schütze ist anders und hat andere Bedürfnisse.

  - o Nimm dir Zeit, um die Auflage so einzustellen, dass du Dich wohl fühlst und die besten Ergebnisse erzielst.

Durch die Beachtung dieser Aspekte kannst Du Deine Auflageposition optimieren und Deine Schießleistung verbessern.

2.3. Körperhaltung: Stabilität und Entspannung

Die richtige Körperhaltung ist im Luftgewehr-Auflage-Schießen von entscheidender Bedeutung. Sie bildet die Grundlage
für eine stabile und präzise Schussabgabe. In diesem Kapitel
werden wir uns mit den wichtigsten Faktoren befassen, die
bei der Körperhaltung zu beachten sind.

- **Stabilität als Basis:**

    - Eine stabile Körperhaltung ermöglicht es Dir,
      das Gewehr ruhig und kontrolliert zu halten.

    - Die Füße sollten schulterbreit auseinander ste-
      hen, um eine solide Basis zu bilden.

    - Der Rücken sollte gerade oder leicht geneigt
      sein, um eine stabile Position zu gewährleisten.

- **Entspannung für Präzision:**

    - Trotz der nötigen Stabilität ist Entspannung
      entscheidend, um Muskelverspannungen zu
      vermeiden.

    - Entspannte Muskeln ermöglichen eine ruhigere
      und kontrollierter Schussabgabe.

    - Achte darauf, dass Deine Schultern und Arme
      locker sind und Du nicht verkrampfst.

- **Ausrichtung zum Ziel:**

  - Dein Körper sollte so zum Ziel ausgerichtet sein, dass Du das Gewehr bequem halten kannst.

  - Vermeide es, Dich zu verdrehen oder zu verrenken, da dies zu Instabilität führen kann.

  - Die Ausrichtung sollte so sein, dass Du das Gewehr ohne Mühe erreichst.

- **Kopfhaltung für klare Sicht:**

  - Dein Kopf sollte aufrecht und in einer natürlichen Position sein, um eine klare Sicht auf das Ziel zu haben.

  - Vermeide es, den Kopf zu stark zu neigen oder zu drehen, da dies zu Verspannungen im Nackenbereich führen kann.

- **Gleichmäßige Gewichtsverteilung:**

  - Dein Körpergewicht sollte gleichmäßig auf beide Füße verteilt sein, um eine stabile Position zu gewährleisten.

  - Vermeide es, das Gewicht zu stark auf eine Seite zu verlagern, da dies zu Ungleichgewicht führen kann.

- **Individuelle Anpassung:**

  - Jeder Schütze ist anders, und die optimale Körperhaltung kann variieren.

  - Nimm eine Körperhaltung ein, die bequem und stabil ist und die besten Ergebnisse liefert.

  - Nimm dir die Zeit, um deine Körperhaltung zu optimieren.

- **Anwendung im Training und Wettkampf:**

  - Die richtige Körperhaltung sollte sowohl im Training als auch im Wettkampf beachtet werden.

  - Regelmäßiges Training und Selbstreflexion können helfen, die Körperhaltung zu verbessern.

Durch die Beachtung dieser Aspekte kannst Du Deine Körperhaltung optimieren und Deine Schießleistung verbessern.

2.4. Nutzung von Hilfsmitteln

Im Luftgewehr-Auflage-Schießen können verschiedene Hilfsmittel eingesetzt werden, um die Stabilität und Präzision Deiner Schüsse zu verbessern. In diesem Kapitel werden wir uns mit den wichtigsten Hilfsmitteln befassen und Dir zeigen, wie Du sie optimal nutzen kannst.

- **Schießhandschuhe:**

    o Schießhandschuhe verbessern den Griff am Gewehr und reduzieren Vibrationen.

    o Sie können helfen, die Kontrolle über das Gewehr zu verbessern und die Präzision zu erhöhen.

- **Schießjacken und -hosen:**

    o Schießjacken und -hosen bieten zusätzliche Stabilität und Unterstützung für Deinen Körper.

    o Sie können helfen, eine stabile Körperhaltung zu gewährleisten und die Präzision zu verbessern.

- **Diopter und Korn:**

    o Die richtige Einstellung von Diopter und Korn ist entscheidend für ein klares Zielbild.

    o Achte darauf, dass die Visiereinrichtung optimal eingestellt ist, um Deine Konzentration zu verbessern.

- **Weitere Hilfsmittel:**

  - Es gibt eine Vielzahl weiterer Hilfsmittel, die im Luftgewehr-Auflage-Schießen eingesetzt werden können, wie z.B. Wasserwaagen, Zielfernrohre und spezielle Auflagen.

  - Informiere Dich über die verschiedenen Möglichkeiten und wähle die Hilfsmittel aus, die am besten zu Deinen Bedürfnissen passen.

- **Die Beachtung der DSB-Regeln:**

  - Es ist wichtig, dass die benutzten Hilfsmittel den Regeln des Deutschen Schützenbundes entsprechen.

  - Informiere dich über die aktuell geltenden Regeln.

- **Individuelle Anpassung:**

  - Jeder Schütze ist anders, und die optimale Nutzung von Hilfsmitteln kann variieren.

  - Experimentiere mit verschiedenen Hilfsmitteln und finde heraus, welche am besten zu Dir passen.

Durch die richtige Nutzung von Hilfsmitteln kannst Du Deine Leistung im Luftgewehr-Auflage-Schießen erheblich verbessern. Nimm Dir Zeit, die verschiedenen Möglichkeiten kennenzulernen und die Hilfsmittel optimal einzustellen.

2.5. DSB-Regeln

Der Deutsche Schützenbund (DSB) legt klare Regeln für das Luftgewehr-Auflage-Schießen fest, um Fairness, Sicherheit und einen reibungslosen Ablauf von Wettkämpfen zu gewährleisten. In diesem Kapitel werden wir uns mit den wichtigsten DSB-Regeln befassen, die Du als Schütze kennen solltest.

- **Ausrüstung:**

  - Der DSB legt genaue Vorgaben für die zulässige Ausrüstung fest, einschließlich Gewehre, Auflagen und Zubehör.

  - Achte darauf, dass Deine Ausrüstung den aktuellen DSB-Regeln entspricht, um Disqualifikationen zu vermeiden.

- **Auflage:**

  - Die Maße und die Positionierung der Auflage und Zubehör-Teile sind in den DSB-Regeln festgelegt.

  - Achte darauf, dass Deine Auflage den zulässigen Maßen entspricht und dass Dein Gewehr korrekt positioniert ist.

- **Körperhaltung:**

  - o Der DSB legt Regeln für die zulässige Körperhaltung fest, um Fairness und Chancengleichheit zu gewährleisten.

  - o Achte darauf, dass Deine Körperhaltung den DSB-Regeln entspricht.

- **Wettkampfablauf:**

  - o Der DSB legt Regeln für den Ablauf von Wettkämpfen fest, einschließlich Schießzeiten, Wertung und Sicherheitsbestimmungen.

  - o Informiere Dich über die Wettkampfregeln, um Dich optimal vorzubereiten.

- **Sicherheitsbestimmungen:**

  - o Der DSB legt strenge Sicherheitsbestimmungen fest, um die Sicherheit aller Teilnehmer zu gewährleisten.

  - o Halte Dich stets an die Sicherheitsbestimmungen, um Unfälle zu vermeiden.

- **Aktuelle Informationen:**

  - o Die DSB-Regeln können sich ändern. Informiere Dich regelmäßig über die aktuellen Regeln, um auf dem neuesten Stand zu bleiben.

  - o Die Sportordnung des DSB ist auf der Internetseite des DSB zu finden.

  - o

- **Bedeutung der Einhaltung:**

  - Die Einhaltung der DSB-Regeln ist nicht nur für Wettkämpfe wichtig, sondern auch für ein faires und sicheres Training.

  - Respektiere die Regeln und trage zu einem positiven Schießsport bei.

Die DSB-Regeln sind ein wichtiger Bestandteil des Luftgewehr-Auflage-Schießens. Sie gewährleisten Fairness, Sicherheit und einen reibungslosen Ablauf von Wettkämpfen. Informiere Dich über die Regeln und halte Dich stets daran.

3.0. Mentale Aspekte

Neben der technischen Perfektion spielt die mentale Stärke eine entscheidende Rolle im Luftgewehr-Auflage-Schießen. Die Fähigkeit, den Fokus zu behalten, mit Druck umzugehen und die innere Ruhe zu bewahren, kann den Unterschied zwischen einem guten und einem hervorragenden Ergebnis ausmachen. In diesem Kapitel werden wir uns mit den mentalen Aspekten beschäftigen, die Dir helfen, Deine Konzentration zu verbessern, Nervosität zu kontrollieren und Deine Leistung auf ein neues Niveau zu heben.

Wir werden uns mit der Bedeutung von Konzentration und Fokus befassen und Dir zeigen, wie Du Deine Aufmerksamkeit auf das Zielbild richten kannst. Wir werden die Atemkontrolle als Schlüssel zur Ruhe untersuchen und Dir Techniken zur Visualisierung und zum Umgang mit Ablenkungen vorstellen.

Darüber hinaus werden wir die Progressive Muskelentspannung nach Jacobson vorstellen, eine effektive Methode, um Muskelverspannungen zu reduzieren und das Körperbewusstsein zu verbessern. Wir werden auch die Bedeutung einer positiven mentalen Einstellung beleuchten und Dir Strategien zeigen, wie Du Dein Selbstvertrauen stärken kannst.

Durch die Anwendung dieser mentalen Techniken kannst Du Deine Schießleistung optimieren und Deine Ziele erreichen. Wir werden Dir praktische Übungen und Tipps geben, die Du in Dein Training integrieren kannst, um Deine mentale Stärke zu entwickeln.

3.1. Die Bedeutung von Konzentration und Fokus

Im Luftgewehr-Auflage-Schießen ist die Fähigkeit, sich zu konzentrieren und den Fokus zu behalten, von entscheidender Bedeutung. Sie ist der Schlüssel, um präzise Schüsse abzugeben und konstante Ergebnisse zu erzielen.

- **Konzentration auf das Zielbild:**
    - Ein klares und scharfes Zielbild ist die Grundlage für jeden präzisen Schuss.
    - Du musst lernen, Deine Augen auf das Ziel zu fokussieren und Ablenkungen auszublenden.
    - Die Fokussierung auf die Korn-Ziel-Beziehung ist entscheidend für die Treffsicherheit.

- **Mentale Präsenz:**
    - Konzentration bedeutet, im Hier und Jetzt zu sein und sich nicht von Gedanken an Vergangenheit oder Zukunft ablenken zu lassen.
    - Du musst lernen, Deine Aufmerksamkeit auf den gegenwärtigen Moment zu richten und Dich auf den nächsten Schuss zu konzentrieren.

- **Ausblenden von Ablenkungen:**
    - Ablenkungen können Deine Konzentration beeinträchtigen und zu Fehlern führen.
    - Du musst lernen, äußere und innere Ablenkungen zu erkennen und auszublenden.
    - Mentale Techniken wie Atemkontrolle und Visualisierung können helfen, die Konzentration zu verbessern.

- **Mentale Routinen:**
    - o Mentale Routinen können helfen, die Konzentration vor und während des Schießens aufrechtzuerhalten.
    - o Diese Routinen können Atemübungen, Visualisierungstechniken oder positive Selbstgespräche beinhalten.
    - o Entwickle eine Routine, die zu Dir passt und Dir hilft, Dich zu fokussieren.

- **Training der Konzentrationsfähigkeit:**
    - o Die Konzentrationsfähigkeit kann trainiert und verbessert werden.
    - o Regelmäßiges Training und Übungen zur mentalen Fokussierung können helfen, Deine Konzentration zu stärken.
    - o Nutze jedes Training, um deine Konzentration zu verbessern.

- **Anwendung im Wettkampf:**
    - o Im Wettkampf ist die Fähigkeit, sich zu konzentrieren, oft entscheidend für den Erfolg.
    - o Du musst lernen, Deine Konzentration auch unter Druck aufrechtzuerhalten.
    - o Die mentale Vorbereitung auf den Wettkampf ist genauso wichtig wie die technische Vorbereitung.

Die Fähigkeit, sich zu konzentrieren und den Fokus zu behalten, ist eine der wichtigsten mentalen Fähigkeiten im Luftgewehr-Auflage-Schießen. Durch regelmäßiges Training und die Anwendung mentaler Techniken kannst Du Deine Konzentrationsfähigkeit verbessern und Deine Schießleistung optimieren.

3.2. Atemkontrolle als Schlüssel zur Ruhe

Im Luftgewehr-Auflage-Schießen ist die Atemkontrolle ein entscheidender Faktor für Ruhe und Präzision. Sie ermöglicht es Dir, Deine innere Balance zu finden, Deine Konzentration zu verbessern und Deine Schüsse präzise abzugeben.

- **Die Bedeutung der ruhigen Atmung:**

  - Eine ruhige und gleichmäßige Atmung hilft, den Körper zu beruhigen und Muskelverspannungen zu reduzieren.

  - Sie ermöglicht es Dir, Deine Aufmerksamkeit auf das Zielbild zu richten und Ablenkungen auszublenden.

  - Eine ruhige Atmung ist die Grundlage für eine stabile Schussabgabe.

- **Die Bauchatmung:**

  - Die Bauchatmung ist effektiver als die Brustatmung, da sie weniger Bewegungen des Oberkörpers verursacht.

  - Lege Deine Hand auf Deinen Bauch und atme tief ein, so dass sich Dein Bauch hebt.

  - Atme langsam aus und beobachte, wie sich Dein Bauch senkt.

- **Der Atemstillstand:**

  - o Der ideale Zeitpunkt für die Schussabgabe ist der Atemstillstand nach dem Ausatmen.

  - o In diesem Moment ist Dein Körper am ruhigsten und die Stabilität Deines Gewehrs am größten.

  - o Übe, den Atemstillstand zu verlängern, um Deine Schüsse präzise abzugeben.

- **Atemübungen:**

  - o Regelmäßige Atemübungen können helfen, Deine Atemkontrolle zu verbessern.

  - o Übe die Bauchatmung und den Atemstillstand, um Deine Atmung zu verlangsamen und zu kontrollieren.

  - o Nutze Atemübungen, um Stress und Nervosität abzubauen.

- **Die Verbindung von Atem und Konzentration:**

  - o Die Fokussierung auf den Atem kann als Ankerpunkt für Deine Konzentration dienen.

  - o Die bewusste Wahrnehmung Deines Atems hilft, Deinen Geist zu beruhigen und Ablenkungen auszublenden.

  - o Nutze Deinen Atem, um Dich auf den gegenwärtigen Moment zu konzentrieren.

- **Anwendung im Schießsport:**

  - Die Atemkontrolle sollte sowohl im Training als auch im Wettkampf angewendet werden.

  - Übe, Deine Atmung an die jeweilige Situation anzupassen.

  - Die Beherrschung der Atemkontrolle erfordert regelmäßiges Training und Übung.

Die Atemkontrolle ist ein mächtiges Werkzeug, um Deine Ruhe und Präzision im Luftgewehr-Auflage-Schießen zu verbessern. Durch regelmäßiges Training und die Anwendung von Atemtechniken kannst Du Deine Leistung optimieren und Deine Ziele erreichen.

3.3. Visualisierungstechniken

Visualisierungstechniken sind ein wichtiger Bestandteil des mentalen Trainings im Luftgewehr-Auflage-Schießen. Sie ermöglichen es Dir, Deine Leistung im Geiste zu verbessern und Dich optimal auf den Wettkampf vorzubereiten.

- **Die Kraft der Vorstellung:**

  - Visualisierung bedeutet, sich im Geiste Bilder und Szenarien vorzustellen, die mit dem Schießen verbunden sind.

  - Durch die Vorstellungskraft kannst Du Deine Bewegungen, Deine Atmung und Deine Konzentration verbessern.

  - Die Visualisierung ermöglicht es dir, dich gedanklich auf eine Situation vorzubereiten.

- **Den idealen Schuss visualisieren:**

  - Stelle Dir vor, wie Du den perfekten Schuss abgibst.

  - Visualisiere die ruhige Bewegung Deines Gewehrs, die klare Sicht auf das Ziel und den präzisen Abzug.

  - Stelle dir auch vor, wie sich dein Körper ruhig und entspannt anfühlt.

- **Die Wettkampfsituation visualisieren:**

  - Stelle Dir vor, wie Du den Wettkampf betrittst, Dich vorbereitest und Deine Schüsse abgibst.

  - Visualisiere die Geräusche, die Atmosphäre und die Emotionen, die mit dem Wettkampf verbunden sind.

  - Durch die Visualisierung kannst du dich an die Situation gewöhnen.

- **Ablenkungen visualisieren:**

  - Stelle dir vor, wie du mit Ablenkungen umgehst.

  - Visualisiere, wie du dich auf dein Zielbild konzentrierst und dich nicht von äußeren Einflüssen stören lässt.

- **Positive Selbstgespräche:**

  - Verbinde die Visualisierung mit positiven Selbstgesprächen.

  - Sage dir innerlich, dass du ruhig, konzentriert und selbstbewusst bist.

  - Positive Selbstgespräche können helfen, dein Selbstvertrauen zu stärken.

- **Regelmäßiges Training:**

  - o Visualisierungstechniken erfordern regelmäßiges Training, um effektiv zu sein.

  - o Nimm dir jeden Tag Zeit, um deine Visualisierungsübungen durchzuführen.

  - o Je öfter du visualisierst, desto besser wirst du darin.

- **Anwendung im Schießsport:**

  - o Visualisierungstechniken können vor, während und nach dem Schießen angewendet werden.

  - o Nutze die Visualisierung, um dich auf das Training und den Wettkampf vorzubereiten.

  - o Nutze die Visualisierung, um deine Fehler zu analysieren und zu korrigieren.

Visualisierungstechniken sind ein mächtiges Werkzeug, um deine Leistung im Luftgewehr-Auflage-Schießen zu verbessern. Durch regelmäßiges Training und die Anwendung dieser Techniken kannst du deine innere Stärke entwickeln und deine Ziele erreichen.

3.4. Umgang mit Ablenkung und Drucksituationen

Im Luftgewehr-Auflage-Schießen ist die Fähigkeit, mit Ablenkungen und Drucksituationen umzugehen, von entscheidender Bedeutung. Sie ermöglicht es Dir, Deine Konzentration aufrechtzuerhalten, Deine Nervosität zu kontrollieren und Deine Leistung unter schwierigen Bedingungen zu optimieren.

- **Arten von Ablenkungen:**

    o Äußere Ablenkungen: Geräusche, Bewegungen, Lichtverhältnisse, Zuschauer.

    o Innere Ablenkungen: Gedanken, Emotionen, körperliche Empfindungen, Selbstzweifel.

- **Ablenkungen erkennen und akzeptieren:**

    o Der erste Schritt ist, Ablenkungen bewusst wahrzunehmen, ohne sie zu bewerten.

    o Es ist wichtig zu akzeptieren, dass Ablenkungen unvermeidlich sind und zum Schießsport gehören.

- **Mentale Techniken zur Fokussierung:**

  - Atemkontrolle: Die Fokussierung auf den Atem kann helfen, den Geist zu beruhigen und Ablenkungen auszublenden.

  - "Hier und Jetzt"-Prinzip: Die Konzentration auf den gegenwärtigen Moment hilft, sich nicht von Gedanken an Vergangenheit oder Zukunft ablenken zu lassen.

  - Visualisierung: Das mentale Vorstellen des idealen Schusses kann helfen, die Aufmerksamkeit auf das Ziel zu lenken.

  - Mentale Barrieren: Das errichten von Mentalen Barrieren hilft dabei die Ablenkungen auszublenden.

- **Entwickeln einer Routine:**

  - Eine feste Routine vor und während des Schießens kann helfen, den Fokus zu behalten und Ablenkungen zu minimieren.

  - Die Routine sollte individuelle Vorlieben und Bedürfnisse berücksichtigen.

- **Umgang mit Drucksituationen:**

  - Drucksituationen können die Konzentration beeinträchtigen und zu Fehlern führen.

  - Es ist wichtig, Strategien zu entwickeln, um mit Druck umzugehen, z. B. durch positive Selbstgespräche oder Visualisierungstechniken.

  - Die Akzeptanz des momentanen Zustands ist ein wichtiger Aspekt.

  - Jeder Schuss ist einzigartig, und es ist wichtig, sich nicht von vergangenen oder zukünftigen Schüssen ablenken zu lassen.

- **Anwendung im Schießsport:**

  - Der Umgang mit Ablenkungen und Drucksituationen muss sowohl im Training als auch im Wettkampf geübt werden.

  - Regelmäßiges Training und Selbstreflexion können helfen, die Fähigkeit zu verbessern, mit Ablenkungen und Druck umzugehen.

Die Fähigkeit, mit Ablenkungen und Drucksituationen umzugehen, ist eine der wichtigsten mentalen Fähigkeiten im Luftgewehr-Auflage-Schießen. Durch regelmäßiges Training und die Anwendung mentaler Techniken kannst Du Deine mentale Kontrolle verbessern und Deine Schießleistung optimieren.

3.5. Progressive Muskelentspannung

Dieses Kapitel dient lediglich Informationszwecken. Für medizinische Beratung oder eine Diagnose solltest Du Dich an eine medizinische Fachkraft wenden.

Im Luftgewehr-Auflage-Schießen ist es wichtig, Muskelverspannungen zu vermeiden, um eine ruhige und stabile Schussabgabe zu gewährleisten. Die Progressive Muskelentspannung nach Jacobson ist eine bewährte Methode, um Muskelverspannungen zu reduzieren und die Konzentration zu verbessern.

- **Das Prinzip der Progressiven Muskelentspannung:**
    - Die Progressive Muskelentspannung basiert auf dem Prinzip, dass auf eine bewusste Anspannung einer Muskelgruppe eine tiefere Entspannung folgt.
    - Durch das bewusste Anspannen und Entspannen verschiedener Muskelgruppen lernst Du, Muskelverspannungen zu erkennen und zu lösen.

- **Ablauf der Übungen:**

  - Die Übungen werden in einer ruhigen und entspannten Umgebung durchgeführt.

  - Du konzentrierst Dich auf eine bestimmte Muskelgruppe, spannst diese für einige Sekunden an und entspannst sie dann bewusst.

  - Die Aufmerksamkeit wird auf den Unterschied zwischen Anspannung und Entspannung gelenkt.

  - Die Übungen werden mit verschiedenen Muskelgruppen wiederholt, bis der ganze Körper entspannt ist.

- **Wichtige Muskelgruppen für Schützen:**

  - Hände und Arme: Um eine ruhige Gewehrhaltung zu gewährleisten.

  - Schultern und Nacken: Um Verspannungen durch die Schießhaltung zu reduzieren.

  - Rücken: Um eine stabile Körperhaltung zu unterstützen.

  - Gesichtsmuskeln: Um eine entspannte Mimik und Konzentration zu fördern.

- **Vorteile für Schützen:**

  - o Reduzierung von Muskelverspannungen, die die Schießleistung beeinträchtigen können.

  - o Verbesserung des Körperbewusstseins und der Selbstwahrnehmung.

  - o Förderung der Entspannung und des inneren Gleichgewichts.

  - o Verbesserung der Konzentration und des Fokus.

  - o Hilft dabei, Stress und Nervosität zu reduzieren.

- **Anwendung im Schießsport:**

  - o Die progressive Muskelentspannung kann vor, während oder nach dem Schießen angewendet werden.

  - o Sie kann als Teil des Aufwärmprogramms oder als Entspannungstechnik nach dem Training eingesetzt werden.

  - o Regelmäßige Übung ist wichtig, um die Technik zu beherrschen und die Vorteile zu nutzen.

Durch die Anwendung der progressiven Muskelentspannung kannst Du Deine Schießleistung verbessern und Deine mentale Stärke stärken. Es ist empfehlenswert, diese Entspannungstechnik regelmäßig in Dein Training zu integrieren.

3.6. Entwicklung einer positiven mentalen Einstellung

Eine positive mentale Einstellung ist im Luftgewehr-Auflage-Schießen genauso wichtig wie eine solide Technik. Sie ermöglicht es Dir, Dein Selbstvertrauen zu stärken, Deine Leistung zu optimieren und Deine Ziele zu erreichen.

- **Selbstvertrauen aufbauen:**

    o Selbstvertrauen ist die Überzeugung, dass Du Deine Ziele erreichen kannst.

    o Es basiert auf Deinen Fähigkeiten, Deiner Erfahrung und Deiner positiven Einstellung.

    o Setze Dir realistische Ziele und feiere Deine Erfolge, um Dein Selbstvertrauen zu stärken.

- **Positive Selbstgespräche:**

    o Positive Selbstgespräche können helfen, negative Gedanken und Selbstzweifel zu überwinden.

    o Ersetze negative Gedanken durch positive Aussagen wie: "Ich bin ruhig und konzentriert", "Ich kann das Schaffen" oder "Ich bin ein guter Schütze".

    o Nutze positive Selbstgespräche, um Dich vor dem Schießen zu motivieren und während des Schießens zu beruhigen.

- **Visualisierung von Erfolg:**

  o Visualisiere regelmäßig, wie Du Deine Ziele erreichst und erfolgreich schießt.

  o Stelle Dir vor, wie Du Deine beste Leistung abrufst und Deine Ziele erreichst.

  o Die Visualisierung von Erfolg kann helfen, Dein Selbstvertrauen zu stärken und Deine Leistung zu verbessern.

- **Umgang mit Fehlern:**

  o Fehler sind ein natürlicher Bestandteil des Lernprozesses.

  o Betrachte Fehler als Chance, Dich zu verbessern und daraus zu lernen.

  o Vermeide es, Dich selbst für Fehler zu kritisieren, und konzentriere Dich stattdessen auf Lösungen.

- **Dankbarkeit und Wertschätzung:**

  o Sei dankbar für Deine Fortschritte und Erfolge, egal wie klein sie sind.

  o Wertschätze Deine Fähigkeiten und Deine Leidenschaft für den Schießsport.

  o Eine positive Einstellung zur Dankbarkeit und Wertschätzung kann helfen, Deine Motivation und Dein Selbstvertrauen zu stärken.

- **Anwendung im Schießsport:**

  - o Eine positive mentale Einstellung sollte sowohl im Training als auch im Wettkampf gepflegt werden.

  - o Nutze positive Selbstgespräche, Visualisierung und Dankbarkeit, um Deine mentale Stärke zu entwickeln.

  - o Suche Dir positive Vorbilder und tausche Dich mit anderen Schützen aus, um Deine positive Einstellung zu stärken.

Die Entwicklung einer positiven mentalen Einstellung ist ein kontinuierlicher Prozess, der Zeit und Übung erfordert. Durch regelmäßige Anwendung dieser Techniken kannst Du Dein Selbstvertrauen stärken, Deine Leistung optimieren und Deine Ziele im Luftgewehr-Auflage-Schießen erreichen.

4.0. Training und Wettkampf

Die im vorigen Kapitel erlernten technischen und mentalen Fähigkeiten sind nur der Anfang. Um im Luftgewehr-Auflage-Schießen wirklich erfolgreich zu sein, musst Du diese Fähigkeiten in Dein Training und Deine Wettkampfvorbereitung integrieren. In diesem Kapitel werden wir uns damit beschäftigen, wie Du Dein Training strukturierst, Dich optimal auf Wettkämpfe vorbereitest, Deine Leistung kontinuierlich steigerst und Deine Erfahrungen analysierst, um Dich weiterzuentwickeln.

Wir werden uns mit effektiven Trainingsmethoden befassen, die sowohl Dein technisches Können als auch Deine mentale Stärke verbessern. Wir werden Dir zeigen, wie Du Dich optimal auf Wettkämpfe vorbereitest, von der Planung bis zur mentalen Vorbereitung. Wir werden Strategien zur Leistungssteigerung vorstellen, die Dir helfen, Deine Ziele zu erreichen und Deine Grenzen zu überwinden. Und wir werden die Bedeutung von Analyse und Selbstreflexion betonen, um aus Deinen Erfahrungen zu lernen und Dich kontinuierlich zu verbessern.

Dieses Kapitel soll Dir helfen, Dein Training und Deine Wettkampfvorbereitung auf ein neues Niveau zu heben und Deine Leidenschaft für den Schießsport in vollen Zügen auszuleben. Lass uns gemeinsam den Weg zur Meisterschaft beschreiten!

4.1. Effektive Trainingsmethoden

Um im Luftgewehr-Auflage-Schießen erfolgreich zu sein, ist ein strukturiertes und effektives Training unerlässlich. In diesem Unterkapitel werden wir uns mit verschiedenen Trainingsmethoden befassen, die Dir helfen, Deine technischen und mentalen Fähigkeiten zu verbessern.

- **Planung und Strukturierung des Trainings:**
  - Ein Trainingsplan ist die Grundlage für ein effektives Training.
  - Setze Dir realistische Ziele und erstelle einen Trainingsplan, der auf Deine Bedürfnisse und Fähigkeiten abgestimmt ist.
  - Berücksichtige dabei sowohl das Techniktraining als auch das mentale Training.
  - Führe ein Trainingsprotokoll, um Deine Fortschritte zu dokumentieren und Dein Training anzupassen.

- **Techniktraining:**

  - Trockenübungen: Übe die richtige Körperhaltung, den Anschlag und den Abzug ohne Munition.

  - Schießstandtraining: Übe das Schießen unter realistischen Bedingungen.

  - Fehleranalyse: Analysiere Deine Schüsse und identifiziere Fehler, um sie zu korrigieren.

  - Videoanalyse: Nimm dein Training auf Video auf. Analysiere deine Haltung, und deinen Bewegungsablauf, um Fehler zu erkennen.

- **Mentales Training:**

  - Visualisierung: Stelle Dir vor, wie Du den perfekten Schuss abgibst.

  - Atemübungen: Übe die Bauchatmung und den Atemstillstand, um Deine Ruhe zu bewahren.

  - Konzentrationstraining: Übe, Deine Aufmerksamkeit auf das Zielbild zu richten und Ablenkungen auszublenden.

- **Kombination von Technik- und Mentaltraining:**

  - Simuliere Wettkampfsituationen, um Dich auf den Wettkampf vorzubereiten.

  - Übe, Deine Konzentration auch unter Druck aufrechtzuerhalten.

  - Nutze positive Selbstgespräche, um Dein Selbstvertrauen zu stärken.

- **Regeneration und Erholung:**

  - Pausen: Plane ausreichend Pausen ein, um Deinen Körper und Geist zu erholen.

  - Entspannungstechniken: Nutze Entspannungstechniken wie die Progressive Muskelentspannung, um Muskelverspannungen zu reduzieren.

  - Ernährung: Achte auf eine ausgewogene Ernährung.

- **Anwendung im Schießsport:**

  - Passe Dein Training an Deine individuellen Bedürfnisse und Ziele an.

  - Suche Dir einen erfahrenen Trainer, der Dich unterstützt und Dir Feedback gibt.

  - Sei geduldig und habe Vertrauen in Deinen Trainingsprozess.

  - Nutze jedes Training, um deine Konzentration zu verbessern.

Durch die Anwendung dieser Trainingsmethoden kannst Du Deine technischen und mentalen Fähigkeiten verbessern und Deine Leistung im Luftgewehr-Auflage-Schießen steigern.

4.2. Vorbereitung auf Wettkämpfe

Die Vorbereitung auf Wettkämpfe ist ein komplexer Prozess, der sowohl technische als auch mentale Aspekte umfasst. In diesem Unterkapitel werden wir uns mit den wichtigsten Schritten befassen, die Du unternehmen kannst, um optimal vorbereitet in den Wettkampf zu gehen.

- **Wettkampfplanung:**
    - Wähle Deine Wettkämpfe sorgfältig aus und plane Deine Teilnahme rechtzeitig.
    - Berücksichtige dabei Deine Ziele, Deine Fähigkeiten und Deine zeitlichen Ressourcen.
    - Plane auch die Anreise und Unterkunft, um Stress am Wettkampftag zu vermeiden.

- **Mentale Vorbereitung:**
    - Nutze Visualisierungstechniken, um Dich auf den Wettkampf einzustimmen und Dich auf verschiedene Szenarien vorzubereiten.
    - Übe positive Selbstgespräche, um Dein Selbstvertrauen zu stärken und negative Gedanken zu überwinden.
    - Entwickle Strategien, um mit Nervosität und Drucksituationen umzugehen.

- **Ausrüstungscheck:**

    o Überprüfe Deine Ausrüstung gründlich, um sicherzustellen, dass sie in einwandfreiem Zustand ist.

    o Nimm Ersatzteile und Werkzeug mit, um eventuelle Probleme vor Ort beheben zu können.

    o Stelle sicher, dass Deine Ausrüstung den aktuellen DSB-Regeln entspricht.

- **Wettkampfroutine:**

    o Etabliere eine feste Routine vor, während und nach dem Wettkampf, um Dich zu fokussieren und Stress abzubauen.

    o Die Routine kann Atemübungen, Aufwärmübungen oder spezifische Handlungen umfassen.

    o Die Routine sollte individuell angepasst sein.

- **Die richtige Ernährung:**

    o Achte auf eine ausgewogene Ernährung in den Tagen vor dem Wettkampf, um Deine Energie zu optimieren.

    o Nimm ausreichend Flüssigkeit zu Dir, um Dehydrierung zu vermeiden.

    o Vermeide Experimente mit ungewohnten Lebensmitteln am Wettkampftag.

- **Anwendung im Schießsport:**

  - Passe Deine Vorbereitung an die spezifischen Anforderungen des jeweiligen Wettkampfs an.

  - Suche Dir einen erfahrenen Trainer, der Dich bei der Vorbereitung unterstützt.

  - Nutze die Wettkämpfe als Gelegenheit, um Erfahrungen zu sammeln und Deine Fähigkeiten zu verbessern.

Eine sorgfältige Vorbereitung auf Wettkämpfe ist entscheidend, um Deine Leistung zu optimieren und Deine Ziele zu erreichen. Nimm Dir Zeit, um Dich gründlich vorzubereiten, und gehe selbstbewusst in den Wettkampf.

4.3. Strategien zur Leistungssteigerung

Um im Luftgewehr-Auflage-Schießen Deine Leistung kontinuierlich zu steigern, sind gezielte Strategien unerlässlich. In diesem Unterkapitel werden wir uns mit verschiedenen Strategien befassen, die Dir helfen, Deine Ziele zu erreichen und Deine Grenzen zu überwinden.

- **Zielsetzung:**

  - Setze Dir klare und realistische Ziele, die Dich motivieren und herausfordern.

  - Nutze die SMART-Methode (spezifisch, messbar, attraktiv, realistisch, terminiert), um Deine Ziele zu definieren.

  - Teile Deine Ziele in kurz- und langfristige Ziele auf, um Deinen Fortschritt zu verfolgen.

- **Fehleranalyse:**

  - Analysiere Deine Schüsse und identifiziere Fehler, um sie zu korrigieren.

  - Führe ein Trainingsprotokoll, um Deine Fehler zu dokumentieren und Muster zu erkennen.

  - Nutze Videoanalysen, um Deine Technik zu überprüfen und zu verbessern.

- **Videoanalyse:**

  - o Nimm dein Training auf Video auf.

  - o Analysiere deine Haltung, und deinen Bewegungsablauf, um Fehler zu erkennen.

  - o Vergleiche deine Aufnahmen mit denen von Top-Schützen, um die eigene Technik zu verbessern.

- **Feedback:**

  - o Suche Dir einen erfahrenen Trainer, der Dir konstruktives Feedback gibt.

  - o Tausche Dich mit anderen Schützen aus, um von ihren Erfahrungen zu lernen.

  - o Sei offen für Kritik und nutze sie, um Dich zu verbessern.

- **Wettkampftaktik:**

  - o Entwickle eine Wettkampftaktik, die zu Deinen Stärken und Schwächen passt.

  - o Plane Deine Schüsse und passe Deine Taktik an die jeweilige Situation an.

  - o Übe Deine Wettkampftaktik im Training, um sie zu automatisieren.

- **Mentale Strategien:**

  - o Nutze Visualisierungstechniken, um Dich auf den Wettkampf einzustimmen und Dich auf verschiedene Szenarien vorzubereiten.

  - o Übe positive Selbstgespräche, um Dein Selbstvertrauen zu stärken und negative Gedanken zu überwinden.

  - o Entwickle Strategien, um mit Nervosität und Drucksituationen umzugehen.

- **Regelmäßiges Training:**

  - o Regelmäßiges Training ist der Schlüssel zur Leistungssteigerung.

  - o Plane feste Trainingseinheiten ein und halte Dich an Deinen Trainingsplan.

  - o Nutze jedes Training, um Deine Fähigkeiten zu verbessern.

- **Anwendung im Schießsport:**

  - o Passe Deine Strategien an Deine individuellen Bedürfnisse und Ziele an.

  - o Sei geduldig und habe Vertrauen in Deinen Trainingsprozess.

  - o Nutze Wettkämpfe als Gelegenheit, um Erfahrungen zu sammeln und Deine Strategien zu überprüfen.

Durch die Anwendung dieser Strategien kannst Du Deine Leistung im Luftgewehr-Auflage-Schießen kontinuierlich steigern und Deine Ziele erreichen.

4.4. Analyse und Selbstreflektion

Um im Luftgewehr-Auflage-Schießen Deine Leistung kontinuierlich zu verbessern, ist es wichtig, Deine Erfahrungen zu analysieren und Dich selbst zu reflektieren. In diesem Unterkapitel werden wir uns mit verschiedenen Methoden befassen, die Dir helfen, Deine Stärken und Schwächen zu erkennen und Dein Training anzupassen.

- **Trainingsprotokolle:**

  - Führe ein Trainingsprotokoll, um Deine Trainingsergebnisse, Fehler und Fortschritte zu dokumentieren.

  - Analysiere Deine Trainingsprotokolle, um Muster zu erkennen und Dein Training anzupassen.

  - Nutze Deine Trainingsprotokolle, um Deine Ziele zu überprüfen und anzupassen.

- **Wettkampfanalyse:**

  - Analysiere Deine Wettkampfergebnisse, um Deine Stärken und Schwächen zu erkennen.

  - Bewerte Deine Leistung in Bezug auf Technik, mentale Stärke und Wettkampftaktik.

  - Nutze Deine Wettkampfanalyse, um Deine Vorbereitung auf zukünftige Wettkämpfe zu verbessern.

- **Selbstreflexion:**

  o Nimm Dir Zeit, um über Deine Erfahrungen nachzudenken und Deine Emotionen zu reflektieren.

  o Bewerte Deine mentale Strategien und passe sie an, wenn nötig.

  o Sei ehrlich zu Dir selbst und erkenne Deine Schwächen an, um sie zu verbessern.

- **Videoanalyse:**

  o Nimm dein Training auf Video auf.

  o Analysiere deine Haltung, und deinen Bewegungsablauf, um Fehler zu erkennen.

  o Vergleiche deine Aufnahmen mit denen von Top-Schützen, um die eigene Technik zu verbessern.

- **Feedback:**

  o Suche Dir einen erfahrenen Trainer, der Dir konstruktives Feedback gibt.

  o Tausche Dich mit anderen Schützen aus, um von ihren Erfahrungen zu lernen.

  o Sei offen für Kritik und nutze sie, um Dich zu verbessern.

- **Anpassung des Trainings:**

  o Passe Dein Training basierend auf den Ergebnissen Deiner Analyse und Selbstreflexion an.

  o Konzentriere Dich auf die Verbesserung Deiner Schwächen und die Stärkung Deiner Stärken.

  o Sei flexibel und passe Dein Training an veränderte Bedingungen an.

- **Anwendung im Schießsport:**

  o Nutze die Analyse und Selbstreflexion, um Deine Leistung kontinuierlich zu verbessern.

  o Sei geduldig und habe Vertrauen in Deinen Entwicklungsprozess.

  o Nutze jede Gelegenheit, um Dich weiterzuentwickeln.

Durch die Anwendung von Analyse und Selbstreflexion kannst Du Deine Leistung im Luftgewehr-Auflage-Schießen kontinuierlich verbessern und Deine Ziele erreichen. Es ist ein wichtiger Bestandteil des Lernprozesses und hilft Dir, Deine Fähigkeiten zu optimieren.

5.0. Praktische Übungen

Nachdem wir uns intensiv mit den technischen und mentalen Aspekten des Luftgewehr-Auflage-Schießens beschäftigt haben, ist es nun an der Zeit, das Gelernte in die Praxis umzusetzen. In diesem Kapitel werden wir uns auf praktische Übungen konzentrieren, die Dir helfen, Deine Fähigkeiten zu verbessern und Deine Leistung zu optimieren.

Wir werden uns mit verschiedenen Übungen befassen, die sowohl Deine technische Präzision als auch Deine mentale Stärke fördern. Du wirst lernen, wie Du Deine Körperhaltung optimierst, Deine Atemkontrolle verbesserst, Deine Konzentration steigerst und Deine mentale Stärke entwickelst.

Diese Übungen sind so konzipiert, dass Du sie sowohl im Training als auch im Wettkampf anwenden kannst. Sie sollen Dir helfen, Deine Fähigkeiten zu verfeinern, Deine Grenzen zu überwinden und Deine Ziele zu erreichen.

Lass uns gemeinsam die Theorie in die Tat umsetzen und Deine Leidenschaft für das Luftgewehr-Auflage-Schießen auf ein neues Niveau heben!

5.1. Atemübungen

Die richtige Atmung ist im Luftgewehr-Auflage-Schießen entscheidend für Ruhe, Konzentration und Präzision. In diesem Unterkapitel werden wir uns mit verschiedenen Atemübungen befassen, die Dir helfen, Deine Atmung zu kontrollieren und Deine Leistung zu optimieren.

- **Die Bauchatmung:**

  - Lege Deine Hände auf Deinen Bauch und atme tief durch die Nase ein.

  - Spüre, wie sich Dein Bauch hebt und Deine Lungen mit Luft füllen.

  - Atme langsam durch den Mund aus und spüre, wie sich Dein Bauch senkt.

  - Wiederhole diese Übung mehrmals, um Deine Bauchatmung zu vertiefen.

- **Der Atemstillstand:**

  o Atme tief durch die Nase ein und halte den Atem für einige Sekunden an.

  o Atme langsam durch den Mund aus und halte den Atem erneut für einige Sekunden an.

  o Wiederhole diese Übung mehrmals, um Deinen Atemstillstand zu verlängern.

  o Übe den Atemstillstand im Anschlag, um die nötige Ruhe vor der Schussabgabe zu bekommen.

- **Die 4-7-8-Atmung:**

  o Atme 4 Sekunden lang durch die Nase ein.

  o Halte den Atem 7 Sekunden lang an.

  o Atme 8 Sekunden lang durch den Mund aus.

  o Wiederhole diese Übung mehrmals, um Deinen Körper und Geist zu beruhigen.

- **Atemübungen im Training:**

  o Integriere Atemübungen in Dein tägliches Training, um Deine Atemkontrolle zu verbessern.

  o Übe Atemübungen vor, während und nach dem Schießen, um Deine Ruhe und Konzentration zu fördern.

  o Nutze Atemübungen, um Stress und Nervosität abzubauen.

- **Atemübungen im Wettkampf:**

  o Nutze Atemübungen, um Dich vor dem Wettkampf zu beruhigen und Deine Konzentration
  zu steigern.

  o Atme tief und gleichmäßig während des Schießens, um Deine Stabilität zu verbessern.

  o Nutze Atemübungen, um Dich nach dem Wettkampf zu entspannen und Deine Leistung zu
  reflektieren.

Durch regelmäßiges Üben dieser Atemübungen kannst Du
Deine Atmung kontrollieren, Deine Ruhe bewahren und
Deine Leistung im Luftgewehr-Auflage-Schießen optimieren.

5.2. Übungen zur mentalen Fokussierung

Dieses Kapitel dient lediglich Informationszwecken. Für medizinische Beratung oder eine Diagnose solltest du dich an eine medizinische Fachkraft wenden.

Die Fähigkeit, sich zu fokussieren und die Konzentration aufrechtzuerhalten, ist im Luftgewehr-Auflage-Schießen von entscheidender Bedeutung. In diesem Unterkapitel werden wir uns mit verschiedenen Übungen befassen, die Dir helfen, Deine mentale Fokussierung zu verbessern.

- **Die Punkt-Fokussierung:**
    - Suche Dir einen kleinen Punkt an der Wand oder auf einem Blatt Papier.
    - Konzentriere Dich für einige Minuten ausschließlich auf diesen Punkt.
    - Versuche, alle Gedanken und Ablenkungen auszublenden.
    - Erhöhe die Dauer der Übung allmählich.

- **Die Atem-Fokussierung:**

  o Setze oder lege Dich in eine bequeme Position.

  o Konzentriere Dich auf Deinen Atem und beobachte, wie er ein- und ausströmt.

  o Versuche, Deine Aufmerksamkeit ausschließlich
  auf Deinen Atem zu richten.

  o Nutze diese Übung vor dem Schießen, um deinen Fokus auf das bevorstehende zu richten.

- **Die Zielbild-Visualisierung:**

  o Schließe Deine Augen und stelle Dir das per-
  fekte Zielbild vor.

  o Visualisiere das Korn, das Ziel und die Bezie-
  hung zwischen beiden.

  o Stelle Dir vor, wie Du den perfekten Schuss abgibst.

  o Nutze diese Übung, um deine Konzentration
  auf die bevorstehende Aufgabe zu fokussieren.

- **Die Ablenkungs-Übung:**

  - Übe das Schießen in einer Umgebung mit leichten Ablenkungen (z. B. Geräusche, Bewegungen).

  - Versuche, Deine Konzentration auf das Zielbild zu richten und die Ablenkungen auszublenden.

  - Erhöhe die Intensität der Ablenkungen allmählich.

- **Die mentale Routine:**

  - Entwickle eine mentale Routine, die Du vor jedem Schuss durchführst.

  - Die Routine kann Atemübungen, Visualisierungen oder positive Selbstgespräche beinhalten.

  - Übe die Routine regelmäßig, um sie zu automatisieren.

- **Anwendung im Schießsport:**

  o Integriere diese Übungen in Dein tägliches Training, um Deine mentale Fokussierung zu verbessern.

  o Nutze die Übungen vor, während und nach dem Schießen, um Deine Konzentration zu fördern.

  o Passe die Übungen an Deine individuellen Bedürfnisse und Vorlieben an.

Durch regelmäßiges Üben dieser mentalen Fokussierungsübungen kannst Du Deine Konzentration schärfen und Deine Leistung im Luftgewehr-Auflage-Schießen optimieren.

5.3. Übungen zur Körperwahrnehmung

Dieses Kapitel dient lediglich Informationszwecken. Für medizinische Beratung oder eine Diagnose solltest du dich an eine medizinische Fachkraft wenden.

Die Fähigkeit, den eigenen Körper wahrzunehmen und zu kontrollieren, ist im Luftgewehr-Auflage-Schießen von entscheidender Bedeutung. In diesem Unterkapitel werden wir uns mit verschiedenen Übungen befassen, die Dir helfen, Deine Körperwahrnehmung zu verbessern.

- **Die Körper-Scan-Übung:**

    o Lege oder setze Dich in eine bequeme Position.

    o Schließe Deine Augen und richte Deine Aufmerksamkeit auf Deinen Körper.

    o Beginne bei Deinen Füßen und wandere mit Deiner Aufmerksamkeit langsam durch Deinen Körper.

    o Nimm jede Empfindung, jede Spannung und jede Entspannung wahr.

    o Versuche, Deinen Körper als Ganzes zu spüren.

- **Die Haltungs-Übung:**

  - o Stelle Dich aufrecht hin und achte auf Deine Körperhaltung.

  - o Spüre, wie Dein Gewicht auf Deine Füße verteilt ist.

  - o Richte Deine Wirbelsäule auf und entspanne Deine Schultern.

  - o Nimm wahr, wie sich Deine Körperhaltung auf Dein Gleichgewicht auswirkt.

  - o Übe diese Übung auch in der Schiessposition.

- **Die Spannungs-Entspannungs-Übung:**

  - o Spanne bewusst einzelne Muskelgruppen an und entspanne sie wieder.

  - o Beginne mit Deinen Händen und arbeite Dich durch Deinen Körper.

  - o Achte auf den Unterschied zwischen Anspannung und Entspannung.

  - o Diese Übung hilft Dir, Muskelverspannungen zu erkennen und zu lösen.

- **Die Auflage-Wahrnehmung:**

  o Positioniere Dein Gewehr auf der Auflage und achte auf die Berührungspunkte.

  o Spüre, wie das Gewehr auf der Auflage liegt und wie sich Dein Körper dazu verhält.

  o Nimm wahr, wie sich Veränderungen in Deiner Körperhaltung auf die Position des Gewehrs auswirken.

- **Die Gleichgewichts-Übung:**

  o Stelle Dich auf ein Bein und versuche, Dein Gleichgewicht zu halten.

  o Schließe Deine Augen, um die Übung zu erschweren.

  o Diese Übung verbessert Dein Gleichgewicht und Deine Körperkontrolle.

- **Anwendung im Schießsport:**

  - o Integriere diese Übungen in Dein tägliches Training, um Deine Körperwahrnehmung zu verbessern.

  - o Nutze die Übungen vor, während und nach dem Schießen, um Deine Körperkontrolle zu fördern.

  - o Passe die Übungen an Deine individuellen Bedürfnisse und Vorlieben an.

Durch regelmäßiges Üben dieser Körperwahrnehmungsübungen kannst Du Deine Körperkontrolle verbessern und Deine Leistung im Luftgewehr-Auflage-Schießen optimieren.

5.4. Übungen zur progressiven Muskelentspannung

Dieses Kapitel dient lediglich Informationszwecken. Für medizinische Beratung oder eine Diagnose solltest du dich an eine medizinische Fachkraft wenden.

Im Luftgewehr-Auflage-Schießen ist es entscheidend, Muskelverspannungen zu vermeiden, um eine ruhige und stabile Schussabgabe zu gewährleisten. Die Progressive Muskelentspannung nach Jacobson ist eine bewährte Methode, um Muskelverspannungen abzubauen und die Konzentration zu verbessern.

- **Grundprinzip:**

    o Die progressive Muskelentspannung basiert auf dem Prinzip, dass auf eine bewusste Anspannung einer Muskelgruppe eine tiefere Entspannung folgt.

    o Durch das bewusste Anspannen und Entspannen verschiedener Muskelgruppen lernst Du, Muskelverspannungen zu erkennen und zu lösen.

- **Ablauf der Übungen:**

  o Die Übungen werden in einer ruhigen und entspannten Umgebung durchgeführt.

  o Du konzentrierst Dich auf eine bestimmte Muskelgruppe, spannst diese für einige Sekunden an und entspannst sie dann bewusst.

  o Die Aufmerksamkeit wird auf den Unterschied zwischen Anspannung und Entspannung gelenkt.

  o Die Übungen werden mit verschiedenen Muskelgruppen wiederholt, bis der ganze Körper entspannt ist.

- **Wichtige Muskelgruppen für Schützen:**

  o Hände und Arme: Um eine ruhige Gewehrhaltung zu gewährleisten.

  o Schultern und Nacken: Um Verspannungen durch die Schießhaltung zu reduzieren.

  o Rücken: Um eine stabile Körperhaltung zu unterstützen.

  o Gesichtsmuskeln: Um eine entspannte Mimik und Konzentration zu fördern.

- **Praktische Übungen:**

  - **Hände:**

    - Balle Deine Hände zu Fäusten und spanne die Muskeln an.

    - Halte die Spannung für einige Sekunden und entspanne sie dann bewusst.

    - Wiederhole diese Übung mehrmals.

  - **Arme:**

    - Spanne Deine Bizeps- und Trizepsmuskeln an, indem Du die Arme beugst und streckst.

    - Halte die Spannung für einige Sekunden und entspanne sie dann bewusst.

    - Wiederhole diese Übung mehrmals.

  - **Schultern:**

    - Ziehe Deine Schultern zu den Ohren und spanne die Muskeln an.

    - Halte die Spannung für einige Sekunden und entspanne sie dann bewusst.

    - Wiederhole diese Übung mehrmals.

- o **Nacken:**

  - Neige Deinen Kopf nach vorne und spanne die Nackenmuskeln an.

  - Halte die Spannung für einige Sekunden und entspanne sie dann bewusst.

  - Wiederhole diese Übung mehrmals.

- o **Gesicht:**

  - Runzel Deine Stirn und kneife Deine Augen zusammen, um die Gesichtsmuskeln anzuspannen.

  - Halte die Spannung für einige Sekunden und entspanne sie dann bewusst.

  - Wiederhole diese Übung mehrmals.

- **Anwendung im Schießsport:**

  - o Integriere diese Übungen in Dein tägliches Training, um Deine Körperwahrnehmung zu verbessern.

  - o Nutze die Übungen vor, während und nach dem Schießen, um Deine Körperkontrolle zu fördern.

  - o Passe die Übungen an Deine individuellen Bedürfnisse und Vorlieben an.

Durch regelmäßiges Üben dieser Übungen zur Progressiven Muskelentspannung kannst Du Muskelverspannungen reduzieren, Deine Körperwahrnehmung verbessern und Deine Leistung im Luftgewehr-Auflage-Schießen optimieren.

6.0. Fallbeispiele

Fallbeispiel: Die Wiederentdeckung der Präzision – Wenn Technik und Haltung harmonieren

"Manchmal sind es scheinbar kleine Veränderungen, die eine große Wirkung erzielen können. So erging es auch einem meiner langjährigen Schützen, nennen wir ihn Hans. Trotz seiner Erfahrung und seines Engagements stagnierte seine Leistung seit geraumer Zeit. Frustration machte sich breit, denn er spürte, dass mehr Potenzial in ihm steckte, die Ergebnisse aber einfach nicht besser wurden.

In einer eingehenden Analyse seines Schießablaufs nahmen wir sowohl seine Technik als auch seine Ausrüstung genau unter die Lupe. Dabei stellten wir fest, dass sein Gewehr nicht mehr optimal auf seine aktuellen Bedürfnisse und seine Körperstatur abgestimmt war. Gemeinsam entschieden wir uns für einige gezielte Umbauten am Gewehr, um es ergonomischer und passender für ihn zu gestalten.

Parallel dazu widmeten wir uns seinem Stand und seiner Körperhaltung. Wir justierten seine Positionierung neu, um ihm mehr Stabilität und eine entspanntere Haltung zu ermöglichen. Es waren keine radikalen Veränderungen, sondern vielmehr feine Justierungen, die aber einen erstaunlichen Effekt hatten.

Seit diesen Anpassungen hat sich Hans deutlich verbessert. Seine Schussbilder sind enger geworden, und er erzielt wiederholt bessere Ergebnisse im Training und im Wettkampf. Dieses Beispiel zeigt eindrücklich, wie wichtig es ist, die technischen Grundlagen immer wieder zu überprüfen und die Ausrüstung sowie die Körperhaltung individuell auf den Schützen abzustimmen. Manchmal braucht es nur einen neuen Blickwinkel und gezielte Veränderungen, um verborgenes Potenzial freizusetzen und wieder mit Freude und Erfolg ins Schwarze zu treffen."

Fallbeispiel: Der verdeckte Blick – Mit einfachen Mitteln zum besseren Nachhalten

"Manchmal sind es unbewusste Gewohnheiten, die unsere Leistung im Schießsport negativ beeinflussen können. Eine ältere Schützin in unserem Verein, nennen wir sie Ursula, hatte sich angewöhnt, nach der Schussabgabe sofort auf den Bildschirm der elektronischen Trefferanzeige zu schauen. Dieses unwillkürliche Zucken mit den Augen und dem Kopf führte jedoch dazu, dass sie die stabile Endposition zu früh verließ und ihr Nachhalten litt. Die Folge waren unsaubere Schüsse und Streuung.

Um ihr diese Angewohnheit bewusst zu machen und ihr zu helfen, das wichtige Nachhalten zu verbessern, griffen wir zu einer einfachen, aber effektiven Methode. Wir legten ein kleines Handtuch so über den Bildschirm, dass sie das Ergebnis direkt nach dem Schuss nicht sehen konnte.

Diese scheinbar unspektakuläre Maßnahme zwang Ursula dazu, ihren Fokus länger beim Gewehr und in der stabilen Endposition zu halten. Sie konzentrierte sich nun darauf, den Abzug bewusst ausklingen zu lassen und die ruhige Haltung beizubehalten, ohne sich vom Ergebnis ablenken zu lassen.

Mit der Zeit entwickelte Ursula ein besseres Gefühl für den richtigen Moment des Nachhaltens. Sie lernte, die Schussabgabe bewusster zu erleben und die Stabilität bis zum Schluss zu halten. Die Folge war eine deutliche Verbesserung ihrer Trefferbilder. Dieses Beispiel zeigt, dass es manchmal einfacher Hilfsmittel und ein wenig Kreativität braucht, um hartnäckige Fehler zu korrigieren und die Leistung nachhaltig zu steigern."

7.0. Anhang

Glossar wichtiger Begriffe

- **Abzug:** Der Mechanismus am Gewehr, der das Auslösen des Schusses ermöglicht. Ein sauberer und kontrollierter Abzug ist entscheidend für die Präzision.

- **Anschlag:** Die eingenommene Schießposition, bei der das Gewehr gehalten und auf das Ziel ausgerichtet wird.

- **Auflage:** Die Unterstützung (z.B. Sandsack, Dreibein), auf der das Gewehr beim Auflage-Schießen ruht.

- **Diopter:** Das hintere Visierelement am Gewehr, das zur Zieleinstellung dient.

- **Diabolo:** Das Geschoss, das in Luftgewehren verwendet wird.

- **DSB:** Deutscher Schützenbund – der Dachverband für das Sportschießen in Deutschland.

- **Feinvisier:** Eine präzise einstellbare Visiereinrichtung mit Diopter und Korn.

- **Fokus:** Die bewusste Ausrichtung der Aufmerksamkeit auf eine bestimmte Sache, z.B. das Zielbild.

- **Freihand:** Eine Schießposition, bei der das Gewehr ohne Auflage gehalten wird (im Gegensatz zum Auflage-Schießen).

- **Korn:** Das vordere Visierelement am Gewehr, das in Verbindung mit dem Diopter zur Zieleinstellung dient.

- **Liegend:** Eine Schießposition, bei der der Schütze auf dem Bauch liegt.

- **Mentale Stärke:** Die Fähigkeit, die eigenen Gedanken, Emotionen und den Fokus auch unter Druck zu kontrollieren.

- **Mündung:** Das vordere Ende des Gewehrlaufs, aus dem das Geschoss austritt.

- **Progressive Muskelentspannung:** Eine Entspannungstechnik, bei der verschiedene Muskelgruppen bewusst angespannt und wieder entspannt werden.

- **Ring:** Die Wertungszonen auf der Zielscheibe. Je näher am Zentrum, desto höher die Ringzahl.

- **Schussbild:** Die Verteilung der Schüsse auf der Zielscheibe. Gibt Aufschluss über die Präzision und Konstanz des Schützen.

- **Seitenverstellung:** Die Einstellmöglichkeit am Diopter, um die Treffpunktlage horizontal zu korrigieren.

- **Spiegel:** Der schwarze Bereich in der Mitte der Zielscheibe.

- **Stehend:** Eine Schießposition, bei der der Schütze aufrecht steht (im Gegensatz zum Auflage-Schießen).

- **Tiefenverstellung:** Die Einstellmöglichkeit am Diopter, um die Treffpunktlage vertikal zu korrigieren.

- **Visierlinie:** Die gedachte Linie zwischen dem Auge des Schützen, dem Diopter und dem Korn zum Ziel.

- **Visualisierung:** Die mentale Vorstellung von Bewegungen, Abläufen oder Ergebnissen zur Vorbereitung oder Leistungssteigerung.

- **Zehntelwertung:** Eine feinere Unterteilung der innersten Ringe der Zielscheibe zur genaueren Wertung.

- **Zielbild:** Das Bild, das der Schütze durch das Visier (Diopter und Korn) auf das Ziel wahrnimmt.